Walter Vogl
Viehtrieb in Balterswil

Walter Vogl

VIEHTRIEB IN BALTERSWIL

Ein Ritual

manuskripte Edition
Verlag Droschl Graz

Viehtrieb in Balterswil (ein Ritual)

Die beiden Kuhhirten Klee und Saft hocken mitten unterm Vieh und braten auf einem kleinen Feuerchen Kartoffeln. Man hört, wie die umstehenden Kühe das Gras ausrupfen. Aus dem Dorf zu jeder vollen Stunde das Scheppern der Kirchenglocken. Wenn das Gespräch stockt und die Kühe ebenfalls in die Luft schauen, kann man das leise Summen des elektrischen Zauns vernehmen. Dann und wann gräbt sich ein Maulwurf aus der Erde, verschwindet jedoch sogleich wieder. Es regnet; der kleine Kreis jedoch, in dem das Vieh die beiden umsteht, bleibt wie durch ein Wunder trocken. Feuerwehrsirenen.

Klee *(rupft)*: Herrgott.
Saft *(rupft jetzt auch)*: Jessas.
Die Kühe *(haben das Rupfen kurz unterbrochen)*: Muuuuuu!
Saft *(hält ein Grasbüschel in der Hand)*: Sag ich auch.
Klee *(hält ebenfalls ein Grasbüschel in der Hand, das er in die Luft schleudert)*: Und ich?
Saft *(drückt Klee sein Grasbüschel in die Hand)*: Du doch auch!
Klee *(schleudert Saft dessen Grasbüschel ins Gesicht)*: Was denn noch alles? Du glaubst wohl?

Saft *(bohrt jetzt mit dem Zeigefinger seiner rechten Hand Löcher in die Luft):* Was? Mir und wohl? Wohl selber wieder zuviel, he?
Saft: Ist nicht so.
Klee: Aber wie denn dann?
Saft *(pflückt ein Gänseblümchen, taucht es in einen der in Reichweite liegenden frischen Kuhfladen und hält es Klee unter die Nase):* Mein Engel!
Klee: Aber wie denn dann?
Saft *(hält noch immer das Gänseblümchen in der Hand; geistesabwesend):* Mein Engel!
Klee *(beharrt):* Aber wie denn?
Saft *(immer noch geistesabwesend):* Engel!
Klee *(jetzt schon leicht ungeduldig):* Aber wie?
Saft *(kurz vorm Umkippen):* Aber, aber!
Klee *(stützt Saft):* Sei nicht so.
Saft *(kommt langsam wieder zu sich, macht Schwimmbewegungen):* Aber ich doch nicht! Was denkst du von mir?
Klee *(zärtlich):* Mein Engel!
Saft *(rupft jetzt wieder, läßt das Gras durch seine Finger rieseln):* Aber ich doch nicht, aber wieso denn ich?
Klee: Engel, Engel, Engel, Engel!
Saft *(sichtlich verwirrt):* Engel, Engel, Engel, Engel?
Klee: Doch, doch!
Saft *(fügt sich allmählich):* Du bestehst darauf?

Klee *(spendabel):* Du sagst es!
Saft: Aber warum denn ausgerechnet ich?
Klee: Ausgerechnet du!
Saft: Aber warum denn?
Klee *(Priestergeste steil aufwärts):* Du bist auserwählt!
Saft *(kann es nicht glauben):* Von wem auserwählt?
Klee *(rupft jetzt auch wieder, hüllt sich in Schweigen)*
Saft *(Sturm und Drang):* So sag schon!
Klee *(murmelt):* Von mir, der ich der Herr der Engel bin, der ich die Engel bin und der ich du bin.
Saft *(ätzend):* Blind sein ist auch eine Form der Klarheit.
Klee *(nicht weniger scharf):* Ich spreche durch dich. Du kannst nicht entwischen.
Saft *(hört mit dem Rupfen auf):* Ich bin dir in dich entwischt!
Klee *(ungläubig):* Mit wem bist du durchgebrannt?
Saft *(jetzt in der Position des Stärkeren):* Ich sage nichts!
Klee *(gallig):* Weil dus nicht kannst!
Saft: Wird wohl so sein.
Klee: Du kannst nicht entwischen.
Saft *(hintergründig):* Ich bin dir mit dir durchgebrannt und du weißt nichts davon?
Klee: Du kannst nicht entwischen.
Saft: Sag mir, wo du bist. Ich seh dich nicht.

Klee: Du kannst nicht entwischen.
Saft: So sag schon.
Klee: Gefangener!
Saft: Gefangener des entlaufenen Gefangenen! Na, was sagst du?
Klee: Ich sehe durch dich hindurch. Du kannst mir nicht entwischen.
Saft: Und ich sehe durch dich und hab dich längst entführt.
Klee: Quatsch!
Saft: Kein Quatsch! Tatsache!
Klee: Doch Quatsch! *(Pause)* Hochgradig!
Saft *(bohrt Löcher in die Luft):* Du weißt nicht, wo du bist. Wo bist du? Wo bist du?
Klee *(ignoriert ihn, spielt den Beleidigten, rupft)*
Saft *(schießt übers Ziel hinaus):* Wo bist du? Wo bist du? Such dich in mir! Such! Such! Probiers nur. Ohne mich kommst du ja so nicht ran an mich! Ohne meine Hilfe hast du keine Chance!
Klee *(verärgert):* Du auch! Kind!
Saft *(versucht einzulenken):* Mein Engel!
Klee *(sarkastisch):* Wie ihm an mir gelegen ist!
Saft: Gelegen.
Klee: Gelegen.
Saft *(starke Vorhand):* Gelegen!
Klee *(kann den Schlag gerade noch parieren, zittrig):* Gelegen?

Saft *(am Netz)*: Er zweifelt! Päng! Satz und Spiel!
Klee *(leistet das Unglaubliche und schlägt den Ball im letzten Moment zurück)*: Denkste!
Saft: Ein schönes Spiel!
Die Kühe *(unterbrechen sich kurz beim eben aufgenommenen Wiederkäuungsvorgang)*: Muuu!
Klee: Ich auch.
Saft: Ich auch.
Klee: Du auch wieder?
Saft: Zweifler!
Klee: Paß auf dich auf!
Saft *(Rundumschlag)*: Paß aufs Vieh auf!
Klee: Aber ja doch.
Saft: Immer.
Klee: Mal sehen.
Saft: Ich schau mich auch um. Die Gegend hier bietet nämlich so manches fürs Auge.
Klee *(nimmt eine Kartoffel aus dem Feuer)*: Verflucht! Zu spät! Verbrannt!
Saft *(stochert)*: Können wir alle vergessen.
Klee: Am besten neue reintun. Haben wir noch welche dabei?
Saft: Genug.
Klee: Dann mach mal!
Saft *(nimmt den Sack mit den Kartoffeln und leert ihn überm Feuer aus)*: Gut so?
Klee: Genug, genug! Das reicht.

Die Kartoffeln poltern über die Holzscheiteln und frisieren die Holzkohlenglut im Spiegel des unterbrochenen Gesprächs, das ins Feuer starrt. Die Kartoffeln kommen am Rande des Feuerzeltes zu liegen und können so nie gegessen werden. Doch wen kümmerts, ob die Maulwürfe Kohlenreste fressen. Die verkohlten Pataten rollen sowieso durch Kuhschiß, bevor sie vererden. Feuerwehrsirene. Der Regen hat etwas nachgelassen und das Surren des Zaunes, dessen Gefangene die beiden Hirten sind, gräbt sich ins wiedergekäute Gras. Die Kühe schon wieder haben den vorne für den Zuschauer offenen Ring leicht gelockert. Das Sitzfleisch der Helden brennt. Kuhhirten können wohl alle sein. Auch Vieh lagert zuweilen am Feuer. Es wird in die Flammen getrieben. Wenn es nicht davonläuft, verbrennt es. Es kann auch stehenbleiben und blasen. Doch dafür braucht man gute Lungen und die sind ein Privileg der Maschinen. Am Land wird es früher dunkel und manchmal regnet es auch. So wie der Tag lang ist, wächst die Unterhaltung inmitten der Kuhleiber, die Wächter sind und das Gespräch einengen, nicht ausufern lassen, hervor und heran.

Klee *(rupft immer noch; an seiner Seite schon ein ganzer Haufen Heu)*: Immer noch Du?
Saft *(rupft wohl auch noch, oder auch wieder)*: Ich in alle Ewigkeit! Alles für mich!
Klee: Schau, schau. Interessant.
Saft *(ein wenig hysterisch)*: Gell!
Klee *(der reiche Mann kommt am Bettler vorbei und wirft ihm einen Grashalm in den Hut)*: Da, nimm.
Saft *(devot)*: Dankeschön.
Klee: Gerne.
Saft: Mehr!
Klee *(entrüstet)*: Maßlosigkeit! Ohne mich bist du nichts!
Saft: Und du ohne mich!
Klee *(nutzt die Situation zu seinen Gunsten; falsche Solidarität)*: Wir beide!
Saft: Ich und du.
Klee: Wir sollten uns darüber nicht täuschen!
Saft: Wen täuschen? Die da um uns rum können uns sowieso nicht verstehen und die da draußen — falls es dort überhaupt welche gibt — sind zu weit weg und werden auch ihre Schwierigkeiten haben.
Klee *(hält einen Grashalm vor seine Augen)*: Du bist zu kompliziert.
Saft: Und du, so scheint mir, schielst wohl schon. Doch an den Rundumblick kommst du nicht heran. Alles wird dir verkehrt. Tu dir keinen Zwang an und

schau mich an.
Klee *(kanns nicht fassen):* Sadist!
Saft: Was tuts, was trägts zur Sache bei. Unsere Sache muß erst unsere Sache sein, bevor sie über uns rauswachsen kann. Also schau mich an!
Klee: Lieber Freund, du nimmst die ganze Sache zu ernst.
Saft: Mensch, so ein Ding!
Klee *(Zeigefinger in belehrender Pose):* Was wir tun, geschieht ohne Absicht. Was geschehen muß, das geschieht. Das „Muß" in den Dingen ist göttlicher Zufall und selbst der Zufall verdankt sich wiederum tausenden Irrtümern.
Saft: Hol die Kartoffeln aus dem Feuer!
Klee: Das tu ich. Was sonst?
Saft *(schäkert):* Du nimmst die Aufgabe, dich übers Sitzen hinwegzureden, ja nicht minder ernst. Dein Ernst im Unsinn. Warum wir wohl essen, he? Genausogut könntest du die Kartoffeln auch diesmal verschmoren lassen. Aber du bist hungrig. Dein Magen schreit nach Erde, deine Hände greifen Feuer.
Klee: Sauber.

Klee holt die Pantoffeln vom Schürhaken und heizt nach. Rundum knistert das Getier in den dampfenden Feuerfahnen. Aufgespießte Erdäpfel, von Menschenklauen enthäutet, werden darmwärts ins Gebiß gehievt. Kuhlarven schwirren um die Essensreste, doch im Heißhunger vergeht man sich an den Wurzeln des Feuers und setzt sich selbst hinein. Abgegraste Erdschiefer widerhallen vom Schütteln der Euter, Milch spritzt in Maulwurfsgänge und schließt Kleintiergehirne kurz. Die beiden Helden der Arbeit wischen ihre rußigen Hände an den Hosen ab und fahren sich mit den Zungen über die Feuerreste ihrer Barthaarfestungen (die beiden sind glatt rasiert). Sehnsüchtig wandert Gemücke über die harte Kruste von Viehexkrement. Vom Regen her rotzen Babies auf Blutsuppentellern zerstampftem Knochenwerk den Riß im Draht ab. Nahtlose Verdauungsschwellen unter den Heubergen aus Riedgras. Gänseblümchen wachsen aus Nase und Ohren des Zaunes hervor. Feuerwehrsirenen über Balterswil, das Feld am Rande vom Dorf abgeschnitten. Keine Menschenseele und kein Baum. Mit glühenden Kohlen schreiben sich Saft und Klee ihre Erfahrungen auf die entblößten Brüste. Die Feuerfahne der Bühne weht dem Gesetz entgegen. Klee und Saft im Fluß des Ortes über Gespräche hinweg.

Klee *(äfft nach)*: Schmatz.
Saft *(imitiert durch die Kehle rinnende Flüssigkeit)*: Glucks.
Klee *(wirft Saft ein Grasbüschel zu)*: Na, war das was?
Saft *(fängt das Büschel auf, wischt sich den Magen, reibt sich den Mund)*: Und ob!
Klee: Das will ich auch meinen!
Saft *(erstaunt)*: Wieso gerade du?
Klee *(Überschall)*: Wieso gerade ich, frägt er mich!
Saft: Wieso gerade ich ihn über sich frage, frägt er sich. Ich frage nicht nach ihm, ich weiß Bescheid. Ich frage überhaupt nicht! Ich spiele nur die Bälle zurück — ohne Hintergedanken — und halte das Spiel in Gang. Das Spiel bedeutet nichts!
Klee *(höhnisch)*: Meint er wohl! Er soll sich hüten. Alles ist geladen, vieles kann bei solcher Ignoranz nach hinten losgehen.
Saft: Glaubst du das, was du da von dir gibst?
Klee *(kaut lässig an einem Grashalm)*: Du Lügner! Stell dich doch nicht andauernd taub! Wir sitzen fest, weil wir hier festsitzen!
Saft: Du meinst wohl, weil wir hier festsitzen, versuchen wir uns anderswo festzusetzen, um dann dort wieder festzusitzen. So läuft das Ganze doch.
Klee *(Gott aus den Wolken)*: Maschinen arbeiten für uns, selbständig. Der Ausfluß unserer Köpfe braucht

uns ebensowenig, er gärt von alleine, ohne Zutun. Da alles auch ohne uns weitergeht, wozu sich schmutzig machen?
Saft *(ohne rechte Überzeugung)*: Wir sitzen auf unserer eigenen Umlaufbahn.
Klee: So könnte es gewesen sein, bevor du es aussprachst.
Saft: Bevor ich mich wieder einmal umzog.
Klee: Auch meine Kleider sind abgenutzt.
Saft: Dein geschrubbter Körper. Ich hier, du dort, du hier, ich dort, ich dort hier, du hier dort, dort dort du, ich auch.
Klee *(legt sich auf den Rücken, vergräbt seinen Kopf im Gras; entsprechend undeutlich ist daher auch das, was er von sich gibt)*: Die, die vor mir waren, haben beschlossen, mich hier zur Strecke zu bringen. Ich hörs hier unten.
Saft *(Tontechnikermiene)*: Du hörsts hier unten.
Klee *(versteht ihn nicht, brabbelt weiter, richtet sich langsam wieder auf, rollt sich dann in Embryonalstellung)*: Ich erzähle mir von mir selbst und du hörst mir bei meiner Geburt zu und dann der Eisprung, das Schalenkrachen, und träge entsteigt der Fertigungsanlage der Volksreichtum. Mensch, ich sag dir, wir leben neben unseren Verhältnissen her.
Saft *(durch die Nase)*: So könnte es sein, so will es nicht und ist es doch, nimmt sich aber beständig wie-

der zurück. Es schämt sich vorm eigenen Umriß, vor der Selbstbewegung, vorm eigenen Laut und dem tränenden Blick. Es verstopft sich die Ausgänge und bereut den Wahrnehmungsschwund, es plätschert im eigenen Tränensee und kann sich nicht ersäufen, obwohl du ja weißt, was jetzt kommt. Schwimmflossen und Taucherbrille von den Wasserhexen an die Vögel verpfändet. Unser Geld hat Löcher.

Klee *(pflückt sich selbst und ist erstaunt über das seltsame Gewächs in seinen Händen):* Taubenscheiße, alles Taubenscheiße, sag ich, aber ich kann mich ja nicht halten, ich geh mit mir selbst verloren; wenn die Auseinandersetzung aufbrandet, zerfalle ich in die Teile des Abgehandelten. So ist das, die Ecken erschlagen mich.

Saft *(entreißt Klee das seltsame Gewächs und schlingt es mühsam, doch voller Begierde hinunter):* Lebendes Beispiel du in mir. Geköpfte Klapperschlange mir gegenüber, ich bin so glücklich über deinen Kopf. Du hast dich gewählt und selbst erschlagen, mir gibst du dadurch die Kraft zum Weitermachen. Doch keine Angst vorm Schillern meines Triumphes, ich ziehe dich mit.

Klee *(zeichnet Runen in die Luft):* So retten wir uns immer wieder vorm anderen und vor uns selbst, vor allem und jedem.

Saft: Irgendetwas holt uns doch . . .

Klee *(fällt ihm in die Parade):* ... und gibt uns wieder frei, oder muß uns an andere, an Stärkere abgeben. So dienen wir beständig einem anderen Herrn. Wir überleben und die Mächtigen fressen sich gegenseitig auf. Wir dienen und erhalten uns über die Erde hinaus fort.

Saft *(klopft einen sturen Rhythmus auf seine Schenkel):* Der Prophet stirbt an sich selbst, wir sind schon tot, du bist im Irrtum. Dein stilles Eckchen für den kleinen Mann, das gibt es nicht. Der Kleine muß als erster daran glauben. Die Wunder der Natur und das Räderwerk der Wirtschaft in gegenseitiger Durchdringung in den Tresoren der Bankhäuser.

Klee *(fällt in den Rhythmus ein):* Du pfählst mich an den Strang meiner eigenen Rede. Du widerlegst mich doch nicht, du ergänzt mich nur, siehst du das nicht? Schau da rüber, nach Balterswil. Was siehst du dort? Dreihundert Seelen über den Rauchfängen der Häuser zur Mittagszeit fliehen die häusliche Enge. Dreihundertmal Luft, abgespalten von dem, das da ißt, und dreihundertmal wird sich das verlaufen, wird Luft und Erde werden, wird sich selbst einatmen, sich selbst aufessen. Tu, was du willst, pack dich am eigenen Schopf, tritt mich, aber wir sitzen hier und verhandeln über unser Schicksal und vergleichen und ziehen andere Stimmen zu Rate und ganz Balterswil muß herhalten für uns beide, die wir uns in großspu-

rigen Gesten produzieren. Die Welt ist unser Material, wir spielen mit ihr, aber sei dir der Gegenseitigkeit dieses Vorganges bewußt, auch du bist nur ein kleiner Mann, auch ich bin nur ein kleiner Mann, wir müssen beide daran glauben. Vieles glaubt an uns. Also hinweg in den Rauch nach Balterswil, herniedergestoßen auf die Krähenmäuler der Dorfschande, die Ziegelei uns gegenüber. Das arbeitet und schwitzt und schafft sich bescheidenen Reichtum und wartet doch bloß darauf, irgendwann mal wieder mit leeren Händen dazustehen. Doch soweit gehen wir nicht, den Gefallen erweisen wir ihnen nicht, wir bringen auch niemanden um. Geschlechtslose Wesen die wir sind, sorgen wir auf unsere sanfte Art fürs Aussterben unserer Art.
Saft: Die in Balterswil rechnen doch schon längst nicht mehr mit uns. Die halten uns schon lange für tot. Doch wir, die wir das auch getan haben, sind uns unseres Irrtums bewußt geworden, Springbrunnen in der Wüste der Umgebung von Balterswil, lassen wir unser Gras selbst wachsen und geben auch den Kühen, von denen wir im Grunde nichts haben, davon. Wir schlafen nicht, wir rechnen mit dem Feind und üben uns in Wehrlosigkeit. Ja, viel eher rechnet der Feind nicht damit, daß er zuschlagen wird (was er ja zweifellos tun wird). Das ist der kleine Unterschied.

Klee *(sieht sich im Rund der Kühe um)*: Laufend rotzen Kühe in Maulwurfblut. Das Bild genügt sich selbst, wir nicht.
Saft *(hat das Trommeln längst aufgegeben, spielt mit seinen Fingern und beobachtet dabei Klee)*: Und doch müssen wir dem abhelfen. Was wollen, was können wir tun? Nein, nur nicht an die Schlinge denken, nein, hier sitzen wir richtig, ob bewegungslos oder aufgekratzt ist einerlei, ist persönliche Finesse, Finesse, die einem anderen Jahrhundert angehört. Wir sind charakterlos, wir denken nicht, wir plakatieren den Ahnungsschatz unserer Frühgeschichte.
Klee *(hat sich wieder Saft zugewendet und nimmt das Fingerspiel auch auf)*: So, mach mal Pause jetzt mit deinem Kalligraphieren in Atompilzen. Paß auf die Maulwürfe auf, du Möchtegern.
Saft *(an den Toren der Gerechtigkeit sollst du büßen)*: Satan im Milchkontrast, elender Alchimist! Verkriech dich doch ins Heu, wenn du willst. Ich bin der letzte Schutzmann am Highway des Vergessens, der nicht bestechlich wäre.
Klee: Dann mach mal los.
Saft: Ich löse mich von dir.
Klee *(neugierig)*: Was du nicht sagst! Mehr davon!
Saft *(Hände in Abwehrhaltung)*: Heute keine Zugaben. Was auch immer.
Klee *(balanciert)*: So, so. Na was. Na sowas. Muß denn

immer auch das oder jenes, oder was auch immer, oder so ... *(ungeduldig)* Weitermachen!
Saft *(Rakete):* Abreise verschoben, Defekt in der Speiseröhre, Kropfgefahr!
Klee *(resigniert):* Und das mir.
Saft *(gibs ihm!):* Keiner wird verschont!
Klee: Muß ich mich wohl abfinden damit. Ich pflücke wieder *(seine Hand grast wieder).*
Saft *(pflückt ebenfalls wieder):* Der Nachahmungstrieb in mir ist verliebt in deine Kühe.
Klee: Meine Kühe versuchen, deine Liebe zu imitieren.
Saft: Wir müssen uns hier gegenseitig imitieren, um einander herauszulocken und voneinander zu lernen. Maulwurfmist zwischen den Seiten der Lehrbücher schärft den Blick auf die anschauliche Arbeit zugunsten müßiggängerischer Spekulation.
Klee *(wirft Grasbüschel über sich in die Luft; die Grashalme landen zum Großteil auf seinem Kopf):* Ja, wir müssen den Reiseverkehr zueinander selbst überlisten, indem wir uns an der Verstandeskontrolle mit den Sinnen falsch ausweisen. Unsere Liebe besiegt uns selbst, wir stehen an unseren eigenen Dingen Wache.
Saft *(Preßbewegung mit der Linken, Zitro-Gesicht):* Unsere Dinge bewachen uns selbst, wir müssen andere bewachen und brauchen selbst Schutz.

Klee: Du verblüffst mich ständig.
Saft *(rinnt):* Sapperlott.
Klee *(der Wärter):* Wohin so eilig?
Saft: Auch du verblüffst mich mit deinen seltsamen Affengrätschen in unserer Liebe.
Klee: Du bist so komisch.
Saft *(Duplikat):* Ich und komisch, du hast wohl um einige zu viel.
Klee: Kehricht!
Saft: Der Richter spricht zu dir: beuge dich unter das Gesetz.
Klee: Kehricht! . . . Was willst du?
Saft: Er fragt mich, was ich will, nein, er fragt sich selbst, was ich will. Sieh da, er hats schon gewußt.
Klee *(ranzig):* Im Heuhaufen wird so manche Information falsch gespeichert und meine Nadeln sind auch nicht dabei und außerdem weiß ich, was ich will. Was du willst, kann mir doch den Rücken runter laufen und im Arsch verschwinden.
Saft: Wiederhole!
Klee: Noch was?
Saft: Du bist viel zu wenig cool, Mann. Mehr coolness und die Sache läuft von selbst.
Klee: Davon.
Saft: Hiergeblieben, immer da sein, am Boden, mit der Nase an der Riechspur, dann bist du Gott.
Klee *(Andacht):* O Shiva!

Saft *(freaky)*: Mann, das bringts total.
Klee *(verklärt)*: Mach mich nicht an, Alter, mit deinen Ego-Mantras. Läuft nicht bei mir. Mußt du dir schon einen anderen Trip ausdenken.
Saft: Acid?
Klee: Wenn du hier bleibst, verlierst du entweder deinen Kopf, oder deinen Kies, oder beides. Alles schon gehabt. Wirf nach und komm endlich auf gleich mit mir. Ich warte seit Lichtjahren.

In die Schmetterglocke über Balterswil mischt sich der Dunst der Ziegelei und die Feuerwehrsirene. Unsere beiden Acid-heads brennen. Die Kartoffeln verschmoren. Das Geheimnis um die Kuhhirten scheint längst gelüftet, da mischt sich die Kuhgruppe ein und gebiert die feuerfeste Kartoffel der Leuchtbombenköpfe, die schwer an ihren Wiedergeburten durch die Laufgänge der Maulwürfe tragen. Balterswils Kuhglocken im elektrischen Niemandsland. Gekreische und abgewrackte Pneus. Laufend rotzen Kopfgeburten im Blut der Buddhas. Hunderttausend Kulissenwechsel pro Sekunde brauchen hier nur am Rand vermerkt werden. Saft und Klee feiern ihren privaten Hexensabbat außerhalb Balterswils, die Kühe grasen und käuen wieder, die Maulwürfe tauchen über ihren aufgeworfenen Erdhügeln auf und verschwinden dann wieder, die Heuhaufen werden kaum größer, in Balterswil hat man von den Vorfällen noch nichts mitgekriegt. Der elektrische Weidenzaun erspart den Hirten Laufarbeit, das Feuerchen brennt langsam nieder, der eingespeichelte Kartoffelbrei wird von der Magensäure zersetzt. Rundherum regnets immer noch, über der nahen Fabrik ein Solidaritätsballon der Heuschrecken. Laufend kotzen Stehgeburten Blutbuddhas auf den festgetrampelten Boden der Weide. Der Kreis der Kühe ist mal durchlässiger, mal dichter. Selbst wenn das Protokoll des Dialogs es zu vermerken unterläßt, es wird gemuht. Ratlose Kühe im Kroko-Halbkreis um Zitro-Visagen. Manche Kühe tragen Parolen aus der Spraydose an ihren Flanken. Saft und Klee kratzen sich am Kopf, unter den Achseln, zwischen den Beinen, an den Unterschenkeln und den Füßen. Sie sprechen beinahe unablässig über Dinge, die weit vor dem Sprechen liegen. Sie versuchen, das Sprechen zu verlernen; sie versuchen, das Sprechen neu zu erlernen. Soweit das Gespräch ihre Körper einfangen kann, wechseln sie beständig den Mittelpunkt und konzentrieren sich auf die Häutung. Das geht so nebenbei und ist keineswegs die Hauptsache, ja es ist nicht mal wichtig und steht hier eigentlich nur der Vollständigkeit halber, will heißen, es ist genauso wichtig wie alles andere, jedes aber und doch und was, etc. Das Geheimnis der Reihe liegt nicht in den Massierungen an Gipfelpunkten, sondern im Durchlauf. Rotzende Kühe rupfen im Maulwurfsblut nach Stromstößen. Sie bewegen sich wenig, verändern ihre Stellung kaum. Der Bewegungsapparat ist eingefroren, um dem Gespräch Raum zum Ausbreiten zu geben. Über dem Fußboden der Körpersprache wächst die Sinnpyramide, mit Sprache gefüllt. Dem Zwang des Mediums entgeht die Paradoxie, Zuspitzung. Der Ton läuft, die Kameras arbeiten noch etwas unsicher, die Technik der Geruchs- und Tastübertragung mangelhaft.

Klee *(hält mit dem Zeigefinger der Rechten das rechte Nasenloch zu, hat vorher Luft geholt und bläst jetzt die Mure, die den Luftdurchlauf links behinderte, quer über die Weide bis an den Surrzaun)*: Ich, Klee, der Engel! So gehört und so gesagt. Gleichzeitigkeit aus meinem Mund im nachhinein.
Saft *(formt mit den gewölbten Handflächen Hügeliges in der Luft)*: Dein Maul hinkt nach, du Held!
Klee *(schnippisch und ein wenig erbost)*: Habe ich gerade eben gesagt.
Saft *(beharrt)*: Nichts dergleichen vernommen.
Klee *(Gestapo)*: Ohren ausblasen, Gehirnwäsche!
Saft *(gespielte Furcht)*: Nein, nicht! Wieso? Wo muß ich überall durch?
Klee: Wirst schon sehen. Abführen!

Saft *(zappelt):* Wohin bringt ihr mich? Das könnt ihr nicht machen, das könnt ihr mit mir nicht machen!
Klee: Du wirst sehen, wir können noch viel mehr. Raus mit ihm!
Saft *(leiser werdend):* Das könnt ihr nicht tun! Laßt mich! Loslassen...
Klee: Na laß schon los!
Saft *(zittrig, verschämt, furchtsam):* Ich trau mich nicht.
Klee *(überzeugend):* Ist gar nichts dabei. Geht alles ganz leicht. Passiert nichts.
Saft: Ich trau mich immer noch nicht.
Klee *(Priester):* Nicht anhaften an den Dingen der Erde. Laß dich treiben.
Saft *(wagt kaum zu sprechen):* Und wenn ich abtreibe?
Klee *(bestimmt):* Es gibt kein Abtreiben. Wir schwimmen alle in derselben Richtung. Es gibt nur eine Strömung.
Saft *(immer stärker in seinen Zweifeln):* Und warum dann so viele rückwärtsgewandte Gesichter, so viele Wirbel und Schiefliegende?
Klee: Optische Täuschungen des versklavten Auges. Mach dich frei!
Saft: Du wiederholst dich, scheint mir.
Klee: Sklave deiner kleinen Kopfpuppe!
Saft *(Werbung in eigener Sache):* Aber ich kann nicht

anders! Das mußt du doch einsehen!
Klee *(bald reichts):* Mach die Augen auf! Derjenige, der sehen lernen muß, bist du!
Saft *(kommt nicht über sich selbst hinaus):* Wieso ich? Erklär mir das.
Klee *(genug!):* Ich erkläre nicht, ich bin. Bleib wo du bist, der du noch nicht bist, noch nicht einmal wirst. *(Fluch)* Winzling!
Saft *(kleinwinzig):* So hilf mir doch, um Gotteswillen!
Klee *(Tiefkühltruhe):* Meinetwegen kannst du verrecken. Die Würmer sollen dich fressen.
Saft: Du bist grausam.
Klee: Und du bist dumm.
Saft *(Ärger):* Sag das nicht noch einmal! Ich warne dich!
Klee *(boshafte Freude):* Du bist dumm!
Saft *(Galle):* Ich habe dich gewarnt!
Klee *(stellt sich dumm):* Wovor?
Saft *(Spreizfinger-Drohgebärde):* Messer zwischen den Rippen!
Klee: Zweiundvierzigste Straße, drei Uhr morgens.
Saft: Was hast du dort zu suchen?
Klee *(zwitschert):* Ich bin Taxichauffeur, da kriegt man so allerhand mit.
Saft *(ein Dolchstoß in die Luft):* Die Zweiundvierzigste liegt wohl an deiner Route und du bist zufällig vorbeigekommen. Natürlich keine Zeugen, du hast

vorgesorgt, klar.
Klee *(biedert sich an):* Na weißt du, . . .
Saft *(fällt mit der Tür in den Raum):* Klar, bestens informiert von den Schwulen drüben in Balterswil.
Die Kühe *(bekräftigend):* Muuu.
Der Maulwurf *(eine halbe Minute zu spät):* Scharr.
Saft *(läßt nicht locker):* Na, wie war sie?
Klee *(die Unschuld in Person):* Wer?
Saft: Na die, die du umgelegt hast!
Klee *(Gedächtnisschwund, Griff an die Stirn):* Ich kann mich an nichts erinnern. Was erzählst du mir da?
Saft: Ich helfe deinem Gedächtnis nach und fabuliere vor. Du brauchst nur ja zu sagen.
Klee *(nun bin ich aber wirklich ratlos):* Mann, du bist mir ein Rätsel. Was sagst du?
Saft: Ich helfe dir nach.
Klee: Wobei, wozu?
Saft: Stell dich nicht so.
Klee *(dreht Daumen):* Eins, zwei, drei und du bist vier.
Saft *(die geduldige Tour):* Na gut, du brauchst nur ja oder nein zu sagen. Also, war sie gut?
Klee: Ich brauche nur ja oder nein zu sagen.
Saft *(dieser Faden ist ein schwacher Faden, er wird bald reißen):* Entweder ja oder nein! Depp!
Klee: Ja und nein, ja oder nein, gut war sie, sie war

nicht gut. Ich weiß nicht, wovon du sprichst.
Saft *(nur jetzt nicht aufgeben):* Wie hast du sie rüber gekriegt?
Klee *(belustigt):* Ich hab die Strickleiter gemacht.
Saft *(wie jetzt?):* Das ist ein Hammer! Und wie weiter?
Klee *(der große Verweigerer):* Nichts weiter. Ich zieh mein Taschentuch aus dem Jackett, um mich zu schneuzen, und da ist sie davongelaufen.
Saft *(na wenn du willst):* Wie die Fee mitten rein in den Regenbogen aus der Pistolenmündung.
Klee *(na gut so):* Und mit einem Strauß rosa Nelken um die Ecke ins Schwulenhospital.
Saft: Balterswil.
Klee *(gut, gut):* Auch so.
Saft *(wenn nicht so, dann irgendwie; der große Konzeptionalist wirft das Handtuch):* Und wo sind die Nelken geblieben?
Klee *(wühlt im Heuhaufen und zieht ein Gänseblümchen):* Ich hab sie wieder eingesetzt und da haben sie sich verwandelt.
Saft: Was du nicht sagst! Auch an dir scheint das ganze nicht spurlos vorübergegangen zu sein. Mord ist nichts für Kinderschuhe.
Klee: Spritzpistolen kann jedermann kaufen.
Saft: Mach dich nicht naß! Paß auf auf dich! Komm mir heil wieder nach Hause.

Klee: Mach dir nur keine Sorgen, Liebes. Ich weiß auf mich aufzupassen. Ich bringe dir rosarote Nelken von dort mit.
Saft *(Zuckerpuppe)*: Ruf mich an, Schätzchen.
Klee *(Darling)*: Ich werds versuchen, wenn mir nicht die Puste ausgeht.
Saft: Du bist doch gut trainiert.
Klee: Gewesen, gewesen.
Saft: Nichts wiederholt sich.
Klee: Na, man kann einiges dazutun.
Saft: Und was, wenn man fragen darf?
Klee: Einen heißen Draht nach Balterswil legen, Maulwurfsblut trinken, geköpfte Gänseblümchen vergraben, das Vieh laufen lassen, sich selbst unter Strom setzen, den Weidenzaun um Balterswil legen, die Ziegelei entstauben, sich unter die Erde zurückziehen, jeden Zentimeter Boden verteidigen, Hand an die Kühe legen, Eingeweide außenherumwickeln, dem Zaun den Draht nehmen, Ziegel auf der Weide stapeln, Taxichauffeure kaltstellen, Regenbögen in Maultaschen durchfliegen, Zehenwippen.
Saft *(schnippt)*: Erde abhalftern, Menschen aus der Verantwortung nehmen, mir graut.
Klee: Du mußt nach Balterswil gehen und dort missionieren. Für unsere Sache.
Saft: Für deine Sache?
Klee: Eigenbrötler!

Saft: Ich sags dir ganz ehrlich, mir graut vor dem Ziegelstaub in den Straßen.
Klee *(Schnipp-Schnapp):* Dann mußt du ihnen Beton einreden.
Saft: Bequatsch mich nicht!
Klee *(der Dämon):* Es kommt der Moment, da werden wir beide nichts mehr miteinander zu tun haben.
Saft *(skeptisch):* Ob der nicht schon längst hinter uns liegt?
Klee *(bestimmt):* Nein.
Saft: Aber wir sprechen doch schon längst nicht mehr miteinander.
Klee *(jetzt bin aber ich erstaunt):* Was denn?
Saft: Zugegeben, ja, wir sprechen, aber jeder für sich und nebeneinander her, aneinander vorbei, drüber hinweg. Die Rede trifft sich zwar irgendwo neben, unter, über, manchmal sogar in uns, aber meistens sind wir doch vom Zueinanderkommen des Ganzen ausgeschlossen, der Sinn, die Bedeutung konstituiert sich abseits unseres Nutzens.
Klee: Mein kleiner Buchhalter, man arbeitet nicht mehr nach deiner Methode mit Bleistift und Notizblock. Die Verfahren haben sich verändert, das Arbeitstempo beschleunigt. Da mußt du mithalten, anders aufnehmen, anders denken, anders reagieren. Das Stichwort dafür heißt Computertechnik der Seele.
Saft: Was bringts denn? Die Geschwindigkeit, der

Speed. Alltagsakrobatik soll wohl zirkusreif gemacht werden. Und wer sieht zu, frage ich, wer hält da mit? Einige Spezialistenteams in Druckkammern am Grund des Pazifik. Meeresbotanik über Rapiditätsschleusen an Sinnflächen im Alltag.
Klee: Was soll mir der Alltag, Mann. Wir sind extrem, wir müssen es sein. Kopflose Klapperschlangen sind immer noch die leichteste Beute der Meuchelmörder, die doch nichts anderes tun, als zwischen den Bügelfalten ihrer Anzüge auf Schwächeanfälle von uns zu hoffen. In dieser Situation heißt es voll mithalten, so schlimm das im ersten Moment klingt. Aber wir kämpfen mit unseren Waffen, die sich wesentlich von ihren unterscheiden; sie sollen uns letztendlich doch nur Anstoß sein, an uns selbst zu arbeiten, unser Instrumentarium weiter zu entwickeln, präziser, treffsicherer zu machen.
Saft *(jetzt rauchts braun raus):* Operation Maulwurfsblut über Blumenleichen. Ich nehme an, du meinst etwas in dieser Art?
Klee *(Gebet):* O Shiva, Katzenhaie im Tempel unseres Gesprächs, ein Willkommen ans humane und ans grausame Material unseres Ausdrucks. Je mehr wir das Grausame der Grausamkeit entkleiden, umso mehr verflacht auch das Humane, nicht in der Anwendung (Praxis-Aktion), aber in der Existenz des Ausdrucks. Das Verhältnis von Reflexion und Tat, von

Bedeutung des Ausdrucks, der Zeichen und Symbole hat sich grundlegend geändert. Wir wollen das Sprachmaterial neutralisieren und ihm so neue Höhen und Tiefen erobern. Das Wort muß nicht immer mit der Tat identisch sein, es erhält seinen genau abgezirkelten Bezirk in der Vielfalt des Lebens. Natürlich soll es weiterhin übergreifen, Flammenwerfer für den ganzen Menschen sein, doch aus Maulwurfshügeln heraus keine Blutfontänen, sondern Spiel, Förderung einer Haltung des Unernsts, der größter Ernst ist. Das Symbol soll schwappen im Teich der Mäuler, die Zeichenkiemen nach technischem Meer ausquellen, das Gespräch wird das Gespräch des Gesprächs der Gespräche. Das sind die Fakten.
Saft *(brennende Lippen):* Rauchfontänen über die Sklaven des Mundes, die Maulwürfe und Parvenus. Rotsehen ist eine Notwendigkeit im unberechenbaren Wortwall vor der Armut der Völker. Unbeherrschbar einzig die Schranken der Begierde im täglichen Kampf ums Brot. Weg mit verklärendem Süßstoff, beinharte Suppe auf schlammigem Teich!
Klee: Ich glaube, wir kommen etwas vom Weg ab.
Saft *(der Kompaß):* Ja, ich glaube du hast recht.
Klee: Wir haben zu lange und zu viel geschlafen und wenn wir wach waren, hatten wir nur das Essen im Sinn.
Saft: Die Kühe haben uns aufgeweckt.

Klee *(rupft, steckt sich Grasbüschel in den Mund, kaut, schluckt):* So soll mans nicht machen. So gehts nicht weiter.
Saft: Immerhin, eine schöne Zeit.
Klee *(erhobener Zeigefinger des Schulmeisters):* Aus alten Fehlern lernt man.
Saft *(im Heuhaufen):* Gehört alles dazu, haben wir dabei: Reiseapotheke.
Klee *(an der Klagemauer):* Zähigkeit des Blutstroms, den wir passieren müssen auf unserem Weg in die Gegenwelt. Unendliche Vielfalt des Lebens klebt tausende Fehler an die Säume unserer Röcke! Wie aus der Umzäunung heraus kommen, ohne die Weide zu betreten? Wie wissen, wo der Maulwurfkopf ans Tageslicht kommt?
Saft *(vergibt die Sünden):* Vergiß es! Unfruchtbares Zeug, das dir die Luft nimmt, die du anderswo brauchst.
Klee: Aber, he Mann, wie denn? Der Strom im Gedächtnis ist von den kriegführenden Parteien blockiert, die Fahrrinne versandet. Da gibts kein Durchkommen!
Saft *(Buchhalter):* Millionenschäden!
Klee *(der Mensch):* Blutopfer! Leichenberge!
Saft: Massengräber, später mal Denkmäler, Gedenkminuten, Kranzniederlegungen.
Klee: Und jetzt werden die armen Schweine von den

Maulwürfen gefressen, von den Maulwürfen, die so menschliches Bewußtsein im Untergrund forttragen.
Saft: Der Mensch robbt sich durch Maulwurfsgänge! Wo das überall durch muß.
Klee *(le pauvre Holterling):* „... nicht das Ich ist das von sich selber unterschiedene, sondern seine Natur ists, in der es sich als getriebenes so verhält."
Saft: Selbstredend, da Jesu Vater nicht Gott, sondern der Engel Gabriel, Jesus also selbst ein Engel ist. Gabriel, hebräisch so viel wie Mann, Hahn, Penis.
Klee: Der Götterbote!
Saft: Gabriel und Maria, die beiden Außerirdischen und die Mär von der unbefleckten Empfängnis.
Klee: Blutfontänen aus Maulwurfshügeln.
Saft: Der Mensch, ein verlorener Engel.
Klee *(rupft):* Mein Engel!
Saft *(rupft auch):* Der Schnitt an den Knochen.
Klee *(wirft das Gras in die Luft; Grashalme landen auf seinem Kopf):* Das sitzt.
Saft: Und wie.
Klee: Tief.
Saft: Kein Zweifel.
Klee: Und wenn doch?
Saft: Ich habe gesagt: kein Zweifel!
Klee: Und ich habe leichte Bedenken angemeldet.
Saft: An uns?
Klee: An denen, die wir waren, bevor wir wir wur-

den.
Saft: An denen?
Klee: Na und?
Saft: Nichts.
Klee: Ach so.
Saft: Und wer oder was sollen die sein?
Klee: Gabriel und Maria sind uns namentlich bekannt.
Saft: Die Außerirdischen?
Klee: Erwachsenenphantasie.
Saft: Und deswegen Bedenken?
Klee: Ja, deswegen.
Saft: Aber, warum?
Klee: Wie sollen die auf uns gekommen sein?
Saft: Die bringen jetzt wieder viel Geld!
Klee: Was hat denn das mit meinen Bedenken zu tun?
Saft: Mach dir einen schönen Tag.
Klee: Das wär das Letzte.
Saft: Aber, aber.
Klee: Aber was?
Saft: Wer wird denn?
Klee: Warum antwortest du nicht?
Saft: Antworten? Worauf?
Klee: Auf meine Frage, wie die Außerirdischen auf uns gekommen sein sollen.
Saft: Spiegelung der Venus und des Mars.
Klee: Jetzt sehe ich klarer. Zu Ehren der Europa-

madonna drehen Düsenjäger Runden. Irgendetwas scheinen wir also im Laufe der Zeit verloren zu haben.
Saft: Und dieses Etwas hängt auf Hochspannungsmasten über Menschentälern, wird von Maulwürfen durch unterirdische Gänge geschleppt, kommt von Leichen über Kleingetier wieder auf uns.
Klee: Demnächst dürfen wir uns also wieder zum Gegensatz der menschlichen Geschlechter bekennen?
Saft: Ja. Auch der Bürgermeister von Balterswil zeigt sich zu öffentlichen Anlässen zunehmend oft mit Gattin. Die Frau wird wieder in ihre alten Rechte eingesetzt, obwohl es bis dahin noch ein langer Weg ist.
Klee: Und was hört man sonst noch alles?
Die Kühe *(wir sind auch noch hier, vergeßt uns nicht)*: Muuu.
Saft: Die Liebe höret nimmer auf.
Klee: Die Zeit wendet sich ununterbrochen.
Saft: Nur dann, wenn du das Ganze der Zeit in viele Ausschnitte teilst. Da gibts dann Ausschnitte mit größerer und geringerer Wendefreudigkeit.
Klee: Kommt ganz darauf an, wo du hinsiehst. Du hast, in diesem Fall wenigstens, das Leben in den Augen.
Saft: Der Kopf ist der Spiegel, die Augen sind daran nur ein kleiner Teil des für den Einfall von außen

offenen Raumes.
Klee: Der Körper ist der Spiegel. Wir spiegeln uns im fleischlichen Umriß ebenso wie im Astralleib.
Saft: Schau in den Spiegel. Was sagt der Spiegel?
Klee: Ein seltsamer Spiegel, er spricht nicht zu mir.
Saft: Doch.
Klee: Nein, sag ich.
Saft: Doch. Du mußt nur anders hinhören und du kommst drauf, er spricht und er spricht doch nicht.
Klee: Spieglein.
Saft *(pflückt jetzt wieder mit zunehmend großer Aufmerksamkeit):* Sapperlott.
Klee: Spieglein.
Saft *(stutzt):* Was hast du?
Klee *(spiegelt):* Spieglein.
Saft *(zugestutzt):* Ich bin nicht dabei.
Klee *(bittend):* Komm doch mit rein.
Saft *(stutzt etwas auf):* Nein, sag ich. Ich kann dem nichts mehr abgewinnen. Das Ganze ist schon zu sehr verflacht, es langweilt mich.
Klee *(wieder):* Spieglein. Kannst du mich sehen, Spiegelsaft?
Saft *(aufgestutzt):* Spiegelklee.

Wieder laufen Maulwürfe an ihnen vorbei. Die Schmetterglocke zu Balterswil liegt auf der Umgebung. Die Feuerwehr kehrt abgekämpft zurück und erwartet den nächsten Einsatz. In der Umgebung von Balterswil brennt es beständig irgendwo. Kaum fünf Minuten Pause. Rasend, Löschzüge über Fontänen aus Ziegelböden, ausgebrannte Maulwurfskelette, ewige Spiegelungen der Gestirne in den Regenbögen des Getriebenen. Die Ichs setzen sich, die Helden sitzen. Manchmal kommt ein Bein nach vorne, die beiden Arme greifen nach hinten und arbeiten als Rückenstütze, oder die Füße am Boden, die Beine angewinkelt, den Oberkörper nach vorne gebeugt und mit den Armen die Knie umschlungen, oder Pflückstellung konzentriert und abwesend mit Blick nach oben auf das herniederregnende Gras. Gänseblümchen an der Feuerstelle, Bratkartoffelstümpfe in den Magengruben der Weide, abgenagte Maulwurfsknochen um die Euter der Kühe, die das aufgebrochene Rund umhofen. Klee und Saft im Gespräch über Außerirdisches ohne die Anstecknadel mit der Klammer, die Charakterisierungen gibt, Selbstgespräche vernehmbar macht und vielerlei Querverbindungen herstellt. Klee und Saft also im Gespräch über diese Art Wegweiser hinausgesunken und selber spaced-out. Marienzungen, aus der Regenwand der Umgebung hervorlodernd, setzen sich auf überhitzte Gehirnwindungen und stellen den Blick der roten Vernunft auf den Hunger in der Welt. Das Gespräch gar manchesmal über den elektrischen Zaun ent-

wischt und ganz Balterswil ertrinkt im Regen. Der Ziegelstaub jetzt endlich vom Wasser gebunden, die Rauchfontänen der Feuerwehr über der Kirchturmglocke und kurzzeitig setzt der Regen aus und eine Affenhitze trocknet binnen weniger Minuten alles auf und dann wieder Waldbrände in der Umgebung, die Feuerwehr rückt aus und der Regen setzt wieder für kurze Zeit mit unverminderter Heftigkeit ein. Der sanfte Tyrann. Die Weide verdorrt, künstlich bewässert von den Redetränen der Helden, auf der Suche nach dem Anfang der Suche und dem eingebildeten Verlorenen, das ja hier, mitten unter uns ist.

Klee *(vollführt arabische Wendungen mit den Fingern in der Luft):* Gut, daß wir an der frischen Luft sind. Mach du weiter.
Saft *(Scherenschnitt):* Mach ich weiter. Schön, hier zu sein. Jetzt wieder du.
Klee: Jetzt wieder ich. Wir können nicht ewig hierbleiben. Übernimm.
Saft: Übernehme. Aber noch einige Zeit. Gebe weiter.
Klee: Habe erhalten. Es läuft uns ja nichts davon. Du.
Saft: Ich. Wir haben alles, was wir brauchen, dabei. Stop.
Klee: Antwort. Uns fehlt nichts. Jetzt sollte es eigentlich schon von alleine weiterlaufen.
Saft: Läuft. Wir haben genug.

Klee: Das kann man auch anders verstehen.
Saft: Das freut mich.
Klee: Wir sind beinahe glücklich.
Saft: Selig sind die Kinder und die Schwerkranken.
Klee: Wir sind Kinder, aber wir leiden auch.
Saft: Weil wir uns zu sehr eingelassen haben.
Klee: Wir haben, in kindlichem Übermut, vieles kaputtgemacht.
Saft: Wir haben uns auch an manchem die Finger verbrannt, bevor wir unsere Mütter kannten.
Klee: Und deshalb ist da ein ungetilgter Rest.
Saft: Und darum fürchten wir uns.
Klee: Und darum spielen wir mit der Furcht.
Saft: Und darum verlieren wir uns.
Klee: Und darum sind wir hier.
Saft: Und bemühen uns weiterzukommen.
Klee: Kopfbahnhof, Wartesäle überfüllt.
Saft: Grund, froh zu sein.
Klee: Es gibt so vieles.
Saft: So wunderbar.
Klee: So klar.
Saft: Ich kann nicht mehr.
Klee: Du bist übermüdet und brauchst Ruhe.
Saft: Das ist es.
Klee: Hör doch den Kühen beim Grasen zu.
Saft: Am liebsten hör ich mich selbst.
Klee: Du glaubst, du sagst was?

Saft: Fortwährend.
Klee: Ich habe aber nichts gehört.
Saft: Du hast mir doch geantwortet, mich ergänzt, weitergeführt, inspiriert. Du hast mir von der Muse, die sich als Taube deines Hauptes verkleidet hat, gegeben, so wie du von mir genommen hast. Du hast mich ausgebeutet, beraubt. Doch ich habe mir alles zurückgeholt. Zwei Krähen hacken aufeinander ein, im Kampf um verfaulende Leichname.
Klee: Ich dir geantwortet? Du gesprochen?
Saft: Genau so.
Klee: Du träumst wohl. Der einzige, der hier gesprochen hat, war ich. Ansonsten nur Taubenscheiße und Maulwurfsblut. Es gibt hier keine Krähen. Du lagst krank in deinen Fieberträumen darnieder und währenddessen habe ich, um mir die Zeit zu verkürzen, Selbstgespräche geführt. Du warst daran nicht beteiligt.
Saft: Aasgeier, Folterknecht der wortgewordenen Gesichter deiner Mitstreiter. DU bist krank darniedergelegen. DU hast geträumt. ICH habe gesprochen. Taubenscheiße und Maulwurfsblut; Feuergeister, Nymphen, Elfen und Gnome sind meine Zeugen, eingekörpert ins Fastrund der Kühe.
Klee: Spiegelungen, Halbwahrheiten.
Saft: Du gibst es zu.
Klee: Ich gebe.

Saft: Dann wieder gleich auf gleich?
Klee: Tut nichts zur Sache.
Saft: Doch, doch.
Klee: Meßfetischist.
Saft: Ich will bloß auf Nummer sicher gehen.
Klee: Was ist das für eine Nummer?
Saft: Wies beliebt. Also: Ungleiche Ausgangspositionen.
Klee: Tut doch alles nichts zur Sache. Unnütze Festlegungen.
Saft: Man muß genau sein.
Klee: Blabla...
Saft: Wie du meinst. Wird mit einbezogen in unseren Verständigungspakt.
Klee: Heuhaufen *(er nimmt etwas Gras vom Haufen, wirft es über sich hoch, und badet sein entblößtes Gesicht blickaufwärts im Halmregen).*
Saft: Na gut. Komm auch mit rein. Müßtest du eigentlich nicht nochmals erwähnen, ist doch schon in unzähligen anderen Festlegungen mit enthalten. Da sieht mans wieder, haltlose Vorwürfe von wegen Taubenscheiße.
Klee: Mein Engel!
Saft: Daumenschraube.
Klee *(köpft ein Gänseblümchen):* Weißt du was?
Saft: Nein.
Klee: Ich stehe neben dem, was ich von mir gebe.

Saft: Alter Hut. Ich weiß, eigentlich bist du gar nicht dabei, oder anders: eigentlich nur du und nicht ich, eigentlich auch umgekehrt und auch wir beide nicht, eigentlich ist hier gar nichts los.
Klee: Du hast eben dasselbe gesagt, wie ich mir gedacht habe. Dein Mund liegt eindeutig vorn, du bist der bessere Unterhalter, weil du alles viel schneller raus bringst. Das gibt mir die Möglichkeit, meine Gedanken auf ihre Richtigkeit und auch auf deine adäquate Umsetzung hin zu prüfen. Ich bin die kritische Instanz, das bißchen Flaute, das dich dann und wann mal bremst.
Saft: Ach Taubenscheiße rückwärtsgewandt. Blas lieber und halt mich nicht auf.
Klee: Mach ich, mach ich. Gilt natürlich alles ebenso umgekehrt.
Saft: Kehr um die Hand.
Klee: Schon ist er dabei. Aber nicht schon wieder die Rolle des bösen Buben. Ich möchte noch vor der umgekehrten Hand meinen Einstieg machen.
Saft: Mann, wir steigen doch beide beständig ein, fliegen wieder raus. Doch du kannst nie draußenbleiben, mußt dann einsteigen, wenn es dich reinbläst. Immer am Pulsschlag des verreckenden Maulwurfs. Also mußt du auch die umgekehrte Hand nehmen. Hat überhaupt nichts zur Sache, von dir nur vorschnell mit Wertigkeiten aus der Kindheitserinnerung

her belegt.
Klee: Du drehst mir die Hand ums Maul.
Saft: Dann spuck doch aus!
Klee: Lieber schleck ich, um zu täuschen und dann blitzschnell zuzuschlagen.
Saft: Ich bin gedeckt.
Klee: Weiß ich, weiß ich.
Saft: Auch du.
Klee: Schwer zu fassen.
Saft: Auch ich.
Klee: Auf der Weide.
Die Kühe (*müssen auch mal wieder Partei nehmen*): Muuu.
Saft: Die Maulwürfe kommen.
Klee: Nichts für uns. Nur jetzt keine aufschürfende Erdarbeit. Auch vom Pathos des Archäologen will ich nichts mehr wissen.
Saft: Aber wir brauchen doch Dichtungsmaterial für unsere Löcher.
Klee: Das können die Maulwürfe besorgen.
Saft: Gut. Da fällt mir ein, die paar Erdhügel werden nicht reichen.
Klee: Macht nichts, wir benützen auch ihre Gänge.
Saft: Wenn das nur gutgeht!
Klee: Solange wir nirgendwo hinwollen, kommen wir überall ganz mühelos hin.
Saft: Das kann auch nach hinten losgehen.

Klee: Hauptsache es geht los.
Saft: Stimmt eigentlich.
Klee: Immerhin sind wir beschäftigt.
Saft: Wenns sonst nichts ist.
Klee: Aber gerade das ist es ja!
Saft: Was?
Klee: Wir werden abgelenkt.
Saft: Ich glaube, ich habe Schwierigkeiten, dir zu folgen.
Klee: Ganz einfach. Wir müssen nicht überall durch. Wir lassen die Dinge für uns arbeiten. Hindernisse, die nur schwer überwindbar sind, umgehen wir einfach. Es gibt überall Stellen, wo der Kalk von den Wänden fällt.
Saft: Warum bleiben wir nicht einfach hier? Ich hänge sehr an Balterswil. Es ist mein Ort. Hörst du die Feuerwehrsirenen. O, das tut gut, Brandbekämpfung rund um die Uhr.
Klee: Natürlich bleiben wir hier. Wir rühren uns nicht vom Fleck. Was hast du denn gemeint? Wir können uns gar nicht rühren. Der Fleck nimmt uns mit, der, wenn mans genau nimmt, auch am Fleck bleibt und bloß von einem größeren Fleck mitgenommen wird, der wiederum, undsoweiter.
Saft: Aber was ist dann mit den stabilen Einheiten?
Klee: Lassen wir das. Ich glaube, das bleibt uns vorläufig erspart. Ansonsten müßte die Frage nach Irr-

sinn und Sicherung längst entschieden sein, zumindest allenthalben forscher auf Entscheidung drängen. Wir bewegen uns, so hats den Anschein, nicht aufeinander zu, um irgendwann mal zusammenzukrachen und an diesem Zusammenstoß zu krepieren, sondern wir bewegen uns beständig gegeneinander, in festgelegten Bahnen aneinander vorbei, wenn mans so will. Zu bestimmten Zeiten sind Einheiten dieses Systems von bestimmten Beobachtungspunkten aus auf derselben Höhe zu sehen, für andere Beobachter kreuzen sie sich, andere wiederum können gar nichts feststellen, was auf etwaige Nähe dieser Einheiten schließen lassen könnte. Kreuzung muß nicht immer Energieaustausch sein, ist es aber in vielen Fällen. Ansonsten sind es bloß für die Beteiligten grandiose Momente der Zusammenschau, des Ineinanderschauens, die zwar, streng genommen, unmöglich sind, aufgrund der Unschärfe der Wahrnehmung der Beteiligten aber zufällig entstehen können.
Saft *(hält schützend ein Gänseblümchen vor sein Gesicht):* Das ist mir zu unscharf, erklärt weder den Krieg noch die Liebe. Auch nicht den Übergang von hier über den Zaun nach Balterswil. Von den Kühen ganz zu schweigen.
Klee: Du klebst zu sehr an deinem Stückchen Erde, mein Freund. Das „bleib hier und geh mit mir fort", das ich vorhin erwähnt habe, ist wohl völlig unbe-

merkt an dir vorübergezogen. Du mußt den beständigen Verschub stehender Einheiten erst leisten.
Saft: Und doch bleibe ich dabei: der Weg von hier nach Balterswil, der Viehtrieb, der elektrische Zaun, der uns den vom Vieh und vom Kleingetier streng überwachten Müßiggang sichert, der Regen da draußen jenseits des Kuhrunds, der gegen den Zaun hin immer stärker wird, und deine Theorie haben miteinander höchstens Maulwurffedern gemeinsam.
Klee: Meine Theorie liegt vor dem Zusammenkrachen der Wolken, vor dem Blitz, der uns trifft.
Saft: Hier können wir nicht getroffen werden. Daher nehme ich das Ganze zwar zur Kenntnis, es ist aber wertlos für mich. Du kannst mir zwar die Augen ausbomben, aber an den Sehnerv kommst du nicht heran.
Klee: Kleinkrieg.
Saft: Wir sind wohl schon zu lange vom Regen verschont geblieben.
Klee: Die Feuerwehr kann uns nicht helfen. (O Gott, warum habe ich die Verschiedenheit unserer Meinungen, die eine existentielle Verschiedenheit ist, nicht endlich an die Spitze getrieben, sondern dem Regen da draußen so bedingungslos nachgegeben; manchmal, so glaubt man, hält man alle Karten in der Hand. Doch die Karten sind gezinkt, man hat sie selbst ausgegeben und sich so das gute Blatt zugespielt. Wieder eine Selbsttäuschung.)

Saft *(übt sich im Rückenschwimmen)*: Siebzehneinhalb Jahre vor uns fährt das Schnellboot.
Klee: In der Grätsche über die Flut turnen.
Saft: Schwimmreifen aus Kuheutern im Knochenrahmen.
Klee: Oder sich mit denen da verbünden *(zeigt auf die Maulwurfshügel)*.
Saft *(taucht):* Du meinst Unterwanderung?
Klee: Nein, nein, nicht so tragisch. Ganz einfach unten durch gehen. Am einen Ende der Unterführung reingehen, am anderen rauskommen. Und dort einen neuen Anfang machen.
Saft *(schnippt):* Jetzt dramatisierst du! Einen neuen Anfang machen, was soll das?
Klee *(zieht Rotz hoch):* Also gut, keinen neuen Anfang dann. Aber was? So weiter wie bisher?
Saft *(Fuchtelbewegung):* Du sprichst nicht richtig!
Klee: Was ist denn das?
Saft *(aufgeblasen):* „Anfang", „weitermachen", du fällst in dein eigenes Loch zurück. So spricht man unter uns doch längst nicht mehr. Ich war der Meinung, wir hätten uns längst darüber geeinigt.
Klee: Also gut; dann überspringe ich wieder einige Zeilen nach hinten und hol mir dort die passende Phrase nach vorn: „In der Grätsche über die Flut turnen".
Saft: Gut. Betrachten wir alles, was zwischen den

gegrätschten Beinen liegt, als zum täglichen Programm gehörig, als Pflichtfigur.
Klee: Das nehmen wir im kleinen Finger mit: hast du dir die Hände gewaschen, das Gesicht, die Haare gekämmt, hast du dich rasiert, hast du frische Socken angezogen, etcetera, etcetera. Wenn wir aus der Grätsche hüpfen, die Beine zusammenschlagen, spritzt das alles wie feuchter Kehricht weg.
Saft: Und aus dem Kehricht schlüpfen die Knochenkränze unserer zahllosen bisherigen Begräbnisse.
Klee: Das prägt sich ein.
Saft: Aber nur für den Moment. Der große Bogen der Erinnerung wird wieder und wieder zu Grabe getragen. Da sind wir hartnäckig.
Klee: Die Prägkraft des Details entdecken, die Drucktechnik verfeinern. Denn was nützen uns Bilder, die auf hundert Schritte Entfernung Gerechtigkeit, Liebe, Frieden und dergleichen mehr verkünden und sich bei zehn Schritten als blutige Massaker entpuppen.
Saft *(versunkene Welt):* Die hunderttausend unkontrollierbaren Farbpunkte, die vom Pinsel nach jeder Richtung hin abspritzen. Da kannst du ihn halten wie du willst. Wenn du genauer hinsiehst, ist die ganze Umgebung rund um die eingefärbte Stelle verwüstet. Das ganze wird dann durch unzählige Übermalungen notdürftig kaschiert.

Klee: Jede Vernachlässigung des Details zugunsten des saloppen Überblicks wird hier zum Frevel!
Saft: Wir spinnen uns nicht ein!
Klee *(Knüpfbewegung):* Wir legen kein Netz zwischen uns und uns.
Saft: Wir treten aus dem grandiosen Entwurf hervor und sagen: er ist nichts, wir sind alles!
Klee: Wir brechen die Knochen über unseren Köpfen und mit offenen Mäulern schlürfen wir das herabrinnende flüssige Mark.
Saft: Und wenn da etwas darüberhinauswächst, dann sind wir das!
Klee: Hier sind wir einer Meinung.
Saft: Hier gilt nicht Rede und Gegenrede, sondern hier stehen wir beide hinterm selben Pflug. Die Erdschollen krachen, das vorgespannte Vieh brüllt, das Kleingetier ergreift die Flucht. Here we come!

Und da kommen sie und da sind sie. Zur selben Zeit am selben Ort. Sie brauchen den Anlauf, um in Fahrt zu kommen. Während der Fahrt steigen sie aus, überholen das Gefährt und bestimmen selbst das Tempo. Sie werden zu Maschinen, die sich vor die bisherigen Antriebsaggregate spannen. Spannung über den zierlichen Maulwurfsknochen kurz vor dem Bruch. Sie hauen alles raus. Sie sind bedürfnislos, aber maßlos im Ausmalen von Bedürfnissen. Saft ist der Regen, der rund um die Szene fällt und ins Trockene will, Klee wächst auf der trockenen Weide und will Feuchtigkeit, um zu wachsen. Beide sind den Kühen wenig bekömmlich. Balterswil da am Rande ist die Außenwelt, die von der Außenwelt abgeschnitten ist. Und selbstredend pflockt da zwischen Draht der Zaun und surrt. Die Grenze genügt sich selbst. Die Knochen brechen, das Mark tropft durch die Gänge tief unter der Erde. Dort formiert sich der Widerstand. Alles entscheidet sich ständig. Die Ziegel treten zu Staubwolken auseinander. Die Löschzüge beständig im Einsatz zwischen schweren Unwettern und Dürrekatastrophen. Ganze Kontinente hungern, andere halten sich mit Flüssigkeit über Wasser. Was kriecht da im Heuhaufen umher, was schützt sich da vor zudringlichen Blicken, was arbeitet da im Stillen, was ist da bloß träge und will deshalb nicht gesehen werden? All das legt sich Saft und Klee förmlich in den Mund, könnte genausogut von ihnen gesprochen werden. Was macht sich da in Anmerkungen wichtig. Die Regie beraubt die beiden ihres Gesprächs, sie führt den Dialog, während die beiden sich im selben Monolog abwechseln dürfen. So hat es den Anschein. Doch wenn das Auge die undurchdringliche Wand aus Regen durchfliegt und im offenen Ausschnitt des Kuhkreises hängt, sieht es auch anderes. Stillhalten. Aus den Ziegelstaubkreisen arbeitet sich das Dorf hervor.

Eine praktikable Sache. Balterswil nimmt sich selbst in die Hand. Balterswil produziert Anstecknadeln zur Abgrenzung der Besitzstände. Auf der Weide.

Klee *(will wieder pflücken; doch nach einem kurzen Ausbruchsversuch seines Blicks zum Heuhaufen hin, läßt er es bleiben):* Du meinst?
Saft *(durchs wilde Kurdistan):* Nieder!
Klee *(duckt sich):* Vorbei?
Saft *(das Pferd tänzelt):* Psst!
Klee *(nimmt ein Büschel Gras und beginnt, die Halme zu zählen):* Siebzehn, sechzehn, fünfzehn, sechzehn, siebzehn, sechzehn, fünfzehn, sechzehn, siebzehn ...
Saft *(da zerreißt ein Schuß die Stille):* Was hast du?
Klee *(aus dem alten China):* Alles dreht sich umeinander. Bei mir ist das die Fünfzehn, die Sechzehn und die Siebzehn. Doch das tut nichts zur Sache. Du kannst auch woanders beginnen und das Ganze beliebig erweitern.
Saft: Vorsicht! Deckung!
Klee *(zuckt):* Das war knapp.
Saft: Haarscharf aneinander vorbei.
Klee: Jetzt weiter?
Saft: Noch nicht. Es ist noch zu gefährlich. Warten wir, bis es vorbei ist.
Klee: Was war das?
Saft: Stiere.

Klee: Gefährlich?
Saft: Du hast es erlebt.
Klee: Ich war mit meinen Gedanken woanders.
Saft: Ich bin im Moment unabkömmlich.
Klee: Ich behalte dich hier und passe auf.
Saft: Gut so. Gib mir Rückendeckung.
Klee: Wann kommst du wieder?
Saft: Ich weiß nicht, ob ich dir das von dort, wo ich bin, beantworten kann.
Klee: Du bist schon weg?
Saft: Schon lange.
Klee: Das ist mir entgangen. Wann bist du weg?
Saft: Ich war nie hier.
Klee: Wo bist du?
Saft: Schwer zu sagen. Wo bist du?
Klee: Ich? Na hier.
Saft: Wo ist das?
Klee: Schwer zu sagen.
Saft: Siehst du.
Klee: Der Regen ist zu dicht.
Saft: Bei dir regnet es?
Klee: Nein, nein, hier bei mir ist es trocken. Draußen regnet es, jenseits der Kühe.
Saft: Ich bin völlig durchnäßt. Ich komme zu dir.
Klee: Tu das. Ich bin am Verdursten.
Saft: Wie finde ich dich?
Klee: Mich kann man nicht finden. Aber sag mir,

wer du bist und woran man dich erkennen kann. Dann gehe ich dich suchen.
Saft: Ich bin durchsichtig.
Klee: Aber wie soll ich dich da finden?
Saft: Ganz einfach. Dort wo du durchsehen kannst, dort bin ich.
Klee: Der Regen ist zu dicht.
Saft: Bei dir regnet es?
Klee: Nein, nein, hier bei mir ist es trocken. Draußen ...
Saft: Ich glaube, da waren wir schon einmal. Aber wir kommen uns näher.
Klee: Das glaube ich auch. Zumindest klappt die Verständigung. Wir können uns gut hören. Wir müssen einander schon ganz nahe sein.
Saft: Wir sollten uns darauf beschränken, einander zu hören. Finden tun wir uns nie. Das ist unmöglich.
Klee: Aber warum denn? Warum sollten wir uns nicht sehen können? Wir sind doch nicht blind.
Saft: Da ist etwas.
Klee: Zwischen uns? Siehst du was?
Saft: Aber ich weiß doch nicht, wo ein jeder von uns ist. Auf Ortsangaben habe ich mich nie verstanden.
Klee: Was ist zwischen uns und dem Mond?
Saft: Da sind wir.
Klee: Na endlich!
Saft: Fauler Trick!

Klee: Ich?
Saft: Du hast mich getäuscht!
Klee: Du täuscht dich.
Saft: Ich täusche mich ständig über dich! Verräter!
Klee: Du verrätst dich doch selbst.
Saft: Da gibt es nichts zu verraten.
Klee: Du gibst klein bei?
Saft: Niemals!
Klee: Im Grunde sind wir uns einig.
Saft: Worüber?
Klee: Niemand hilft.
Saft: Der Regen.
Klee: Das will ich meinen.
Saft: Und auch der Regen.
Klee: Abermals stimme ich vorbehaltlos zu.
Saft: Und?
Klee: Niemand hilft.
Saft: Wir hungern.
Klee *(wir frieren, sind ausgedorrt, verlaugt, zerraucht, ohne Dach)*: Gib mich frei!
Saft: Rüber nach Balterswil.
Klee: Was kann ich dafür?
Saft: Wir arbeiten mit einer beschränkten Anzahl von Bedeutungsträgern.
Klee: Der Asket.
Saft: Genauigkeit.
Klee: Hier kommen wir uns wieder näher.

Saft: Das Optimum an Nähe.
Klee: Sparsam die Akzente setzen.
Saft: Auf kleinem Raum rentabel sein.
Klee: So viel wie möglich rausholen.
Saft: Da mußt du höllisch dranbleiben.
Klee: Ich führe den Maulwurf ein.
Saft: Der gehört zum Inventar.
Klee: Ich hake die Knochenkränze ab.
Saft: Den Vorsprung haben.
Klee: Genau kalkulieren.
Saft: Wozu brauchen wir Maßbänder? Wir rechnen nicht. Unsere Kalkulationen sind waghalsige Spekulationen mit verdünntem Knochenmark.
Klee: Du weichst aus, du versteckst dich hinter dem Inventar.
Saft: Wozu sich festlegen?
Klee: Warum anderes vorschieben.
Saft: Du hast mich schon fast.
Klee: Ich krieg dich ganz.
Saft: Natürlich ist das verdünnte Knochenmark ein Bild, eine Ausflucht. Hier bin ich und hier esse und trinke ich. Ich brauche Geld zum Leben. Die Luft ist zu unergiebig. Ich verkaufe Luftspiegelungen.
Klee: Da hab ich dich.
Saft: Nichts da.
Klee: Von wegen Luftspiegelungen. Du schwimmst.
Saft: Die Flügel fehlen mir sehr. Aber was die Luft-

spiegelungen anlangt, so stehe ich auf dem Kopf.
Klee: Aber was?
Saft: Natürlich stehe ich mit beiden Beinen fest auf der Erde. Luftspiegelungen sind doch nichts anderes als verdünntes Knochenmark.
Klee: Und der Knochen, der steckt im Fleisch.
Saft: Siehst du. Und da rohes Fleisch nicht gut bekömmlich ist, kommts in den Topf und übers Feuer. Etwas Würze, ein paar Zuspeisen und das Ganze schmeckt dann auch und bekommt den Namen Luftspiegelung, obwohl, du weißt ja, was dahinter steckt.
Klee: Und der Knochen, ich weiß wo der steckt.
Saft: Immer noch nicht genug?
Klee: Immer noch nicht.
Saft: Genug!
Klee: Na dann.
Saft: Lassen wir das.
Klee: Ich weiß was.
Saft: Was?
Klee: Lassen wir das.
Saft: Na dann.
Klee: Er hält mit.
Saft: Er ist noch dabei.
Klee: Wie hoch spielen wir?
Saft: Du mißverstehst. Wir spielen nicht.
Klee: A ja.
Saft: Wir produzieren.

Klee: A ja.
Saft: Wir produzieren uns.
Klee: Vor wem?
Saft *(holt aus und fährt mit dem Zeigefinger der Rechten den unvollendeten Kreis der Kühe ab, macht sich lustig):* Hier sind wir. Wir können nicht anders.
Klee *(verschmitzt):* Die da? Produzieren wir die mit?
Saft: Die Zuschauer.
Klee: Ein neues Spiel also?
Saft: Kein Spiel.
Klee: Aber dann wenigstens ein bißchen verspielt.
Saft *(Brummton):* Na gut.
Klee: Musik.

Wo aber kommt diese ganze Energie her? Die beiden treffen Entscheidungen. Sie lassen den Knochen fahren. Sie leben am Euter, den sie mit einer weißen Lutschspur überziehen. Zum Glück gibt es keine Nebenrollen. Nur Hauptrollen. Aber auch das klappt nicht so ganz. Sie drängen sich vor, ein jeder will den anderen aus der gemeinsamen Hauptrolle heraus haben und ins Statistenabseits treten, in den Ziegelstaub von Balterswil. Im Ablauf das kitzlige Gefühl in den Spalten ihrer Gesichter. Diagonalen über den Augen. Das Sehen wird zunehmend wichtig, doch nach wie vor behauptet sich die Rede. Natürlich klagen Schauer über die Drahtgesimse ihrer spärlichen

Bewegungen, doch die Weide wirkt ruhig. Unbehelligt nach wie vor der Sirenenlärm, die Löschgarde eingemottet und in der Ziegelei herangezogen. Wie geht das? Alles möglich. Es bleiben die Umrisse des Schlosses der Reinheit über den Weidenstoppeln der Bühne. Der Einfall der Regie auf halber Linie zurückgelegt und übers Knie genommen: Banditen! Natürlich bleibt es ihnen vorbehalten, Balterswil in den Orchestergraben zu verlegen und die Musik aus dem Zuschauerraum ertönen zu lassen. Diesmal sieht man von unten herauf zu. Realitätsverlust in der Kraftrealisation. Auch könnten die Kuhleiber dichtgedrängt auf einer sich beständig drehenden Bühne auf den Einsatz der Helden warten, der Helden, die sich unters Publikum gemischt haben und die Öffentlichkeit über die Gründe ihres Streiks informieren.

Klee *(lutscht am Daumen)*: Ich bin nicht nervös.
Saft *(krabbelt herum, erwischt Klee am Hosenbein; der hebt ihn hoch, schneidet ihm eine Grimasse und setzt ihn wieder ab; er krabbelt an seinen Platz zurück und begibt sich je nach Lust und Laune in eine beliebige Stellung)*: Natürlich geht es einen Abend besser als andere Abende.
Klee: Ich bin cool.
Saft *(steckt sich die Finger in die Ohren)*: Begreifst du, worum es geht?

Klee *(zeichnet Engel in die Luft):* Ob man das von da draußen sehen kann?
Saft *(ungeduldig):* Ich habe gefragt, ob du begreifst?
Klee: Ich weiß, was ich tue *(verliebt in die luftigen Kurven, arbeitet er weiter an seinem Bild).*
Saft: Mann, bist du abgefahren. Wir können kaum mehr miteinander sprechen, obwohl wir hier noch den ganzen Anfang des Stückes mit all seinen Anweisungen, Charakterisierungen etc. unterzubringen hätten.
Klee *(rupft):* Nicht mit mir, nicht mit mir.
Saft: Du läßt mich alleine? Du gehst?
Klee: Du sagst es.
Saft: Und wer schaltet den Zaun ab, treibt das Vieh nach Balterswil?
Klee: Du hast es bereits erraten.
Saft: Du läßt mich zurück?
Klee: Ich habe alle Mühe, dir noch nachzukommen. Du hast einiges vorgelegt.
Saft: Aber was soll ich dann hier?
Klee: Du bleibst. Warte auf mich.
Saft: Mir ist nicht klar warum?
Klee: Beschäftige dich.
Saft: Ich habe alle Hände voll zu tun. Ich komme mit der Arbeit nicht nach. Ich bin total überlastet.
Klee: So läuft der Hase.
Saft: Du mußt mir helfen.

Klee: Ich habe alle Hände voll mit anderem zu tun. Wie soll ich da über mich zu dir kommen?
Saft: Du willst nicht? Ich bringe dich um.
Klee: Nur zu.
Saft: Das läßt dich kalt?
Klee: Ich bin ja nicht hier.
Saft: Aber da gibt es auch noch anderes.
Klee: Damit kannst du die Langeweile an manch verregnetem Feiertag vertreiben. Spars dir auf.
Saft: Aber was soll ich denn später damit? Das Zeug wird wertlos.
Klee: Wenns das nicht schon längst ist.
Saft: Dann nimm du es!
Klee: Was soll ich damit? Schick es doch rüber nach Balterswil!
Saft: Ich kenne nichts dergleichen.
Klee: Draußen regnet es.
Saft: Das Vieh sammelt die herumliegenden Heuhaufen ein.
Klee: In den unterirdischen Vorratskammern sind die Schwänze der Maulwürfe zum Trocknen aufgehängt.
Saft: Wer da wohl mit hinein kommt?
Klee: Die Insekten im Heu stechen sich zu Tode.
Saft: Auf meinen Handflächen kreuzen sich die Straßen Balterswils. Dort hat man zur leichteren Orientierung Anstecknadeln angebracht.
Klee: Und wir, was tun wir? Wir schütteln wieder

alles durcheinander.
Saft: Nur so kann man am bereits Bestehenden schöpferisch weiterbauen, nur so kommt die Vergangenheit zu ihrem Recht.
Klee: Wir arbeiten aus Maulwurfsgängen heraus. Da fliegt die Erde an die Oberfläche. Das braucht Bagger und Raupen. Das will planiert werden, damit es andere wieder aufwühlen können. Es ist traurig. Noch dazu, wo wir mit den bloßen Händen arbeiten müssen.
Saft: Wir sammeln die Erde in den Rändern unserer Fingernägel und in den winzigen Vertiefungen der Handlinien.
Klee: Als ich klein war, habe ich meine Handlinien mit einer Rasierklinge zerschnitten. Aus Ärger über meine zu kurze Lebenslinie.
Saft: Als ich noch nicht geboren war, bemühte sich ein Wahrsager um meine Eltern und gab ihnen Maulwurfsknochen unter den Kopfpolster, um die Fruchtbarkeitsgötter zu beschwören.
Klee: Und du bist nicht ausgeblieben.
Saft: Ich war nachher noch öfter dabei. Doch ich blieb der Einzige.
Klee: Wem du das wohl zu verdanken hast?
Saft: Die Zeiten waren schlecht damals.
Klee: Und heute? Sind sie heute besser?
Saft: Wir wurden damals schon um unser Heute betrogen. Also was soll ich sagen?

Klee: Du erträgst es nicht?
Saft: Was soll ich nicht ertragen?
Klee: Die Knochen haben dir dein Heute gestohlen. Und du hast niemanden, der auf deine Zukunft hoffen kann.
Saft: Hoffnung, die hatten wir, die ist das Vorrecht schlechter Zeiten. Doch wenns langsam besser wird, hört das auf, man vergißt und will nicht erinnert werden. Es bleibt nur das schlechte Gewissen denen gegenüber, die auf dich gesetzt haben. Doch das ist entschärft. Es blickt dich doch bloß aus den Katastrophenmeldungen der Medien heraus an. Das kannst du abschalten und wegwischen. Das setzt sich nicht fest. Das verpufft im vermeintlichen Wohlleben und in den tausenden alltäglichen Verrichtungen.
Klee: Du meinst wohl, die armen Schweine überall da draußen, die hoffen für dich?
Saft: Was hier unterbleibt, geschieht anderswo. So gleicht sich das alles aus.
Klee: Fragt sich nur, wer bezahlt, wenns hochgeht.
Saft: Auf lange Sicht wird sich das gleichmäßig verteilen.
Klee: Dein Ideal einer gleichmäßigen Verteilung ist eine statistische Fiktion, noch dazu wo du nicht mal bereit bist, die Dinge selbst in die Hand zu nehmen.
Saft: Meine Hände sind von der harten Erdarbeit beansprucht. Wie kann ich da anderwärtig noch Fein-

arbeit leisten?
Klee: Hier zurückstecken, dort reinknien.
Saft: Mein Blatt ist offen. Da gibt es nichts zurückzustecken.
Klee: Dann spiel wenigstens aus.
Saft: Ich halte meine Karten. Die geben dir Bescheid. Wozu ausspielen?
Klee: Du baust dir ein Kartenhaus. Zittern dir nicht, nach all der Schwerarbeit da unten, dabei die Hände?
Saft: Ist das so wichtig?
Klee: Ja, mir ist sehr daran gelegen.
Saft: Was hoffst du dadurch herauszukriegen?
Klee: Es gilt, noch so manch übriggebliebene und vergessene Mine zu entschärfen.
Saft: Wenn du nur dabei nicht selbst draufgehst.
Klee: Mein Risiko.
Saft: Wahrlich riskant. Um dich zu sichern, legst du hinter dir beständig neue Minen. Jeder, ders gut mit dir meint und dir nachkommt auf deinen Wegen, muß daran glauben.
Klee: Wenn er schlau genug ist, weicht er aus. Und Schleicher kann ich nicht gebrauchen.
Saft: Aber wie soll er wissen, wo er hintreten darf und wo nicht? Er vertraut dir, du willst nichts davon wissen, weil du nicht vertrauen kannst.
Klee: Mein zarter Junge! Immerhin erfreust du dich, dem so viel an mir zu liegen scheint, einer erfreulich

guten Gesundheit.
Saft: Du zweifelst an mir?
Klee: Ich glaube, wir spielen beide falsch und sollten den Mut haben, es zuzugeben.
Saft: Na dann mal los.
Klee: Was siehst du mich so an?
Saft: Ich habe verstanden.
Klee: Zweifelst du an dem, was ich gesagt habe?
Saft: Das ganze wäre ergänzungsbedürftig.
Klee: Wo willst du weitermachen?
Saft: Du sagst, wir spielen beide falsch. Na gut. Woran liegts nun aber? An uns oder am Spiel? Ich meine, sind nicht die Karten falsch, sind nicht sie es, die uns täuschen?
Klee: Du meinst, wir sind nur ein Teil im falschen Spiel?
Saft: Genau.
Klee: Und was tun wir?
Saft: Das ist es, genau das ist es.
Klee: Was soll da sein?
Saft: Immer schön langsam, laß mich ausreden. Dein Bekenntnis zum Falschspielen ist doch Quatsch. Wenn wir nicht tonnenweise guten Willen da in dieses Spiel einbringen, läuft es nicht. Das Spiel ist doch so verfahren, daß es, wenn wir nicht bestrebt wären, da einiges zu entwirren, gar nicht weitergehen könnte.
Klee: So, so. Der Mensch also Feuerwehr in einer an

allen Ecken brennenden Welt.
Saft: Hörst dus?
Klee: Ja, es geht wieder los. Die Sirenen von Balterswil. Die Löschzüge rücken wieder aus.
Saft: Und wir hocken hier und passen auf, daß der Zaun funktioniert und der Zaun paßt an unserer Stelle aufs Vieh auf.
Klee: Wer aber zündelt da, wer, wenn nicht wir?
Saft: Typisch menschliche Überheblichkeit. Wir nehmen unseren Job hier so ernst, daß wir glauben, ohne uns läuft hier nichts.
Klee: Das mag schon richtig sein.
Saft: Für alles wähnen wir uns verantwortlich. An allem wähnen wir uns schuldig. Ich sag dir, wir werden erpreßt!
Klee: Aber wir sind ja auch hier auf diesem Planeten. Und so zumindest mitverantwortlich und mitschuldig.
Saft: Ich weiß, ich weiß, der Apfel. Verfahrene Angelegenheit. Ich weiß nicht, ich weiß nicht, aber ob nicht der Selbstmörder letztendlich doch die Schöpfung überlistet?
Klee: Da gibt es nichts zu überlisten. Da kannst du höchstens von einem Balken der Waage auf den anderen rutschen. Aber auch dort ists nicht anders und bei entsprechender Balkenstellung fällst du so irgendwann mal wieder zurück.
Saft: Eine Waage, viele Waagen, wer weiß?

Klee: Ich sag dir, du nimmst dich zu ernst.
Saft: Ich und ernst! Wo soll das hinfallen? Ich wanke.
Klee: Das tun wir alle. Du nimmst dich zu ernst.
Saft: Ja und nein. Weißt du was, wir sind Gefangene unserer eigenen Situation. Wir können hier sowieso nicht weg. Wir müssen uns zu Ende sprechen.
Klee: Das stimmt doch nicht. Warum sperrst du dich ein?
Saft: Ich bin mir zu schwer. Da muß einiges weg davon.
Klee: Jedenfalls: es gibt kein Ende. Wie willst du wissen, wann das aufhört. Da hört doch beständig etwas auf, fängt beständig etwas anderes an. Die Sirene, Einsatz im Löschzug, Erdarbeit, Erschöpfung, die Glocke dort drüben, der Rauch aus den Kaminen. Das alles fesselt, doch das läßt nach, da kommt was anderes, da schwenkst du ab.
Saft: Laufend rotzen Babies in Hundeblut!
Klee: Der Regen da draußen läßt nach.
Saft: Ob das alles nicht schon längst vorbei ist?
Klee: Da unter uns gräbt es sich weiter, schürft sich hoch, kränzt sich verreckend um Kuheuter, lutscht, um zu wachsen.
Saft: Schlackenbildung. Das wird zu groß. Ein Klumpen.
Klee: Deine Mundhöhle verwirft.
Saft: Es stockt. Die Luft wird knapp.

Klee: Hört sich geil an.
Saft: Ich falle zurück. Ich kann mich beim Wühlen beobachten.
Klee: Schön.
Saft: Ja, ja, da kommts hoch, vom Arsch in den Mund. Gebundene Energie. Das muß raus, das schreit. Ich bin draußen. Ich sehe wieder und kann mein Zuviel abgeben.
Klee: Ich brauche noch einiges.
Saft: Du gewinnst mit mir.
Klee: Ich bringe mich selbst voran.
Saft: Aber wir beide ...
Klee: ... könnten auch mehrere sein.
Saft: Was brauchst du das?
Klee: Du schaffst die andere Ordnung. Ich vertrete sie.
Saft: Zwischen uns ausrinnendes Mark und dort die anderen.
Klee: Stör mich nicht andauernd!
Saft: Aber was hab ich getan?
Klee: Du hast mich verwickelt.
Saft: Ich? Ich habe das Knäuel gelöst!
Klee: Und was noch?
Saft: Was sagst du?
Klee: Ich höre.
Saft: Ich schweige.
Klee: Die Endspielpose.

Saft: Ob das alles nicht schon längst vorbei ist?
Klee: Das ist alles?
Saft: Blutfontänen aus Maulwurfhügeln.
Klee: Das wird man dir vorwerfen.
Saft: Was kümmerts mich!
Klee: Paß auf!
Saft: Wozu? Die können mich alle.
Klee: Du sagst es.
Saft: Wenn die wüßten.
Klee: Ich habe dich gewarnt.
Saft: Ich mache so weiter wie bisher!
Klee *(pflückt):* Was bleibt uns übrig?
Saft *(pflückt auch):* Wir erledigen unseren Job.
Klee: Keinen Millimeter.
Saft: Ob das alles nicht schon längst vorbei ist?
Klee: Das soll alles sein?
Saft: Na gute Nacht dann.
Klee: Nicht so eilig. Warte.
Saft: Rotz mich aus.
Klee: Da bleibt mir nichts anderes übrig ...
Saft: ... als auch mitzumachen. Wolltest du doch sagen?
Klee: Aus deinem Mund hört es sich anders an.
Saft: Da kann ich schwer an mir halten.
Klee: Ach was!
Saft: Ja, wirklich!
Klee: Keinen Millimeter.

Saft: Stur sein.
Klee: Wir finden uns ja doch wieder.
Saft: Balterswil.
Klee: Hab ich vergessen.
Saft: Der Zaun.
Klee: Der kann mich mal.
Saft: Die Kühe.
Klee: Interessieren mich nicht.
Saft: Die Weide, das Heu.
Klee: Wird verfaulen.
Saft: Es regnet immer noch.
Klee: Soll regnen.
Saft: Und wir?
Klee: Wir sind hartnäckig!
Saft: Aber so verlieren wir unser ganzes Werkzeug.
Klee: Wir schlagen uns durch.
Saft: Ob das alles nicht schon längst vorbei ist?
Klee: Wen kümmerts?
Saft: Die da draußen vielleicht.
Klee: Was gehen uns die an?
Saft: Aber ...
Klee: Kein aber. Jetzt wird endlich mal ernst gemacht.
Saft: Machen wir doch die ganze Zeit über.
Klee: Wir räumen auf!
Saft: Mit wem willst du aufräumen?
Klee: Mit denen da draußen.

Saft: Die haben andere dafür. Die lassen sich nicht in ihren Kram pfuschen.
Klee: Na dann mit uns.
Saft: Wo wir sind, gibt es nichts aufzuräumen.
Klee: Da hast du recht.
Saft: Ob das alles nicht schon längst vorbei ist?
Klee: Die sitzen noch da.
Saft: Sollen gehen.
Klee: Aus! Vorbei!
Saft: Blutfontänen aus Maulwurfshügeln.
Klee: Das darfst du nicht sagen!
Saft: Warum?
Klee: Darüber verfügen wir nicht mehr.
Saft: Wer sagt das?
Klee: Wir haben doch vorhin freiwillig darauf verzichtet.
Saft: Ich nicht.
Klee: Aber du hast denen doch auch gesagt, daß sie gehen sollen.
Saft: Na und?
Klee: Das geht so nicht!
Saft: Das nehm ich mir heraus!
Klee: Du machst dich wieder schmutzig.
Saft: Wozu hab ich eine reine Weste nötig?
Klee: Aber wir waren doch schon so weit! Und jetzt das!
Saft: Mir egal. Ich muß nirgends hin. Ich bin hier.

Und hier bleibe ich.
Klee: Ich fürchte, hier wirst du nicht bleiben können.
Saft: Natürlich bleibe ich hier!
Klee: Dann wird man dich von hier vertreiben.
Saft: Die sollen kommen.
Klee: Und die werden kommen.
Saft: Was gehts mich an.
Klee: So nimm doch Vernunft an.
Saft: Ob das nicht alles schon längst vorbei ist?
Klee: Worauf wartest du noch?
Saft: Niemand und nichts, auf den oder das ich warten müßte.
Klee: Warum bist du dann noch hier?
Saft: Hier bin ich.
Klee: Aber warum?
Saft: Hier bin ich. Kein aber, kein warum.
Klee: So ganz ohne?
Saft: So ganz.
Klee: Das soll alles sein?
Saft: Das alles ist schon längst vorbei.
Klee: Alles?
Saft: Was fragst du?
Klee: Nur so.
Saft: So so.
Klee: Ja.
Saft: Was ja?
Klee: Ich weiß nicht.

Saft: Du hast mich.
Klee: Das soll alles sein?
Saft: Das ist alles.
Klee: Nein! Wir müssen weg voneinander!
Saft: Sind wir!
Klee: Ich dachte...
Saft: Ich weiß, ich weiß. Ich habe bloß ein wenig gescherzt.
Klee: Und ich bin zum Spaß darauf eingestiegen.
Saft: Ob das alles nicht schon längst vorbei ist?
Klee: Niemand mehr hier.
Saft: Vorbei?
Klee: Scheint so.
Saft: Und das war alles?
Klee: Ich glaube schon.
Saft: Wofür?
Klee: Egal. Alles vorbei.
Saft: Still! Da draußen stehts auf! Da werden Hände zusammengeschlagen!
Klee: Du träumst. Alles längst vorbei.
Saft: Alles längst vorbei. Wann kommen wir wieder?
Klee: Wovon sprichst du?
Saft: Wann kommen wir wieder?
Klee: Wir? Wer soll das sein?
Saft: Na du und ich.
Klee: Alles längst vorbei.
Saft: Fast schade.

Klee: Ob das alles nicht schon längst vorbei ist?
Saft: All das.
Klee: All. *(Raumschiffgeste hintenangehängt.)*

Nach wie vor hocken die beiden Kuhhirten Klee und Saft unterm Vieh. Oder wie? Was ist passiert? Ein Übermittlungsfehler, die Verständigung scheint nicht so recht zu klappen. Über den Ziegelfontänen Blut-türme aus Selbstverstümmelung und darin das Leben, das sich in einen Kranz aus Maulwurfsknochen eingeflochten hat und heimtückisch grinst. Wenn wir nicht wüßten, daß in der Erde Glocken schmettern! Und die Weide, überwältigt und von hinten gepackt, schwappt in der ausrinnenden Milch. Und da soll das Leben kein Fremdling sein? Durchweicht, unlesbar, hinweggespült in die modrige Gleichgültigkeit der Heide. Nein, nein, nicht so hastig, die Welt ist offen! Der Schlüssel unterm Heu, belagert von anstürmenden Insekten. Die Abbauarbeiten beginnen schon während des Stückes, da die Kulisse anderwärtig gebraucht wird. Vieh wird verkauft und über den Ozean geschifft, in Balterswil ist man am Geldverdienen. Man entwickelt neue Zäune, die automatisch überwacht werden und unsere beiden Kuhhirten zweiter Ordnung überflüssig machen. Sie werden umgeschult. Das kracht und gibt Tränen. Doch dem sentimentalen Zuschauer rät man zu Beruhigungsmitteln. Er bleibt fern. Und trotzdem läuft das, das läuft ganz toll und geht um die Welt. Ob das alles nicht schon längst vorbei ist? Man steckt in seiner Haut und erfährt, wie gefährlich das ist. Da muß man doch hin! Denn selbst wenn man von unten zusehen muß, so sieht man doch vieles, was denen, die da oben agieren, verborgen bleibt. Und das Vieh steht an der Tränke, Saft-bricht-es-da-aus und gerät in die Wiese voll Klee und fällt natürlich drauf rein, hat aus alten Fehlern nicht gelernt und grast und krepiert mit aufgedunsenen Mägen. Und darauf stürzen sich die Geier und dann kommen die Maulwürfe und schaffen die Aasreste in ihre unterirdischen Gänge. Dort unten überlebt die !(poetische)! Revolution.

© by Walter Vogl

Erstausgabe 1982

Einmalige Auflage von fünfhundert Exemplaren, davon zwanzig Sonderexemplare mit einem vorangestellten, vom Autor handgeschriebenen Text, signiert und numeriert, jedes Exemplar individuell gebunden mit Schuber.

Herstellung: Grazer Druckerei
Bindearbeiten der Sonderexemplare:
Thomas Eisendle

ISBN 3-85420-029-3 Normalausgabe
ISBN 3-85420-030-7 Sonderausgabe

Verlag Droschl, 8010 Graz, Bischofplatz 1